SAINT-JEAN-DE-LOSNE

ET

L'INVASION ALLEMANDE

EN

BOVRGOGNE

1636

A DIJON M.D CCC.LXXX.VI.

Saint-Jean-de-Losne

et

L'Invasion Allemande

en

Bovrgogne

1636

A DIJON M.D. CCC.LXXX.VI.

ÉTUDE

SUR L'INVASION ALLEMANDE

EN BOURGOGNE

ET LE

SIÈGE DE Sᵀ-JEAN-DE-LOSNE

Par Charles MÉRAUD

Ouvrage orné de six gravures et d'un plan

Par Victor PROST

Ancien élève de l'École des Beaux-Arts de Paris

DIJON

IMPRIMERIE ET LITHOGRAPHIE F. CARRÉ
40, rue Amiral-Roussin, 40

—

1886

AUX MOBILES

ET

AUX MOBILISÉS

De la Côte-d'Or

A TOUS LES BRAVES DÉFENSEURS
DE LA BOURGOGNE ENVAHIE

— 1870-1871 —

AVANT-PROPOS

La défense de Saint-Jean-de-Losne a été peu connue, même en Bourgogne, jusqu'au commencement du siècle dernier. Les historiens qui ont parlé de l'héroïque résistance que nos pères ont opposée aux Impériaux, ne nous ont laissé qu'un récit rempli d'inexactitudes. Constater cet acte de fidélité et de patriotisme leur paraît suffisant, et ce siège, qui ne trouve dans nos annales que de rares imitations, leur semble trop peu de chose, pour qu'ils aient remonté aux sources, écrites presque sous la dictée des principaux acteurs.

Mais depuis 1836, — année où fut célébré le second centenaire, — ce souvenir des guerres en Bourgogne tente les écrivains locaux. Ladey, Carrelet, Clément-Janin et Lépine fouillent nos archives, consultent les traditions, vulgarisent enfin ce fait d'armes, dont nous avons le droit d'être fiers pour notre pays.

En publiant ces lignes, voulons-nous faire mieux que nos prédécesseurs ? Telle n'est pas notre intention, plus modeste est notre désir. Ces savants ouvrages sont aujourd'hui presque épuisés. Les rares exemplaires qui circulent encore, sont réservés par leurs prix élevés à devenir la possession des bibliophiles. Il nous a semblé utile de donner une brochure sur le siège de Saint-Jean-de-Losne, destinée par son prix modique à figurer sur la table de l'ouvrier et de l'habitant des campagnes comme à côté des livres classiques de l'écolier.

Nous serions récompensé de nos efforts, si le public le jugeait digne de prendre place à la suite des savants ouvrages de nos devanciers.

Nous avons joint à notre texte plusieurs planches contenant les scènes du siège, les costumes et les plans nécessaires pour faciliter la lecture de cette étude.

Notre but a été, en faisant connaître ce siège, de rendre hommage au valeureux patriotisme des Losnais, de mettre au grand jour cette belle page de l'histoire de France. Nous nous sommes souvenu en publiant ce modeste travail des réflexions que faisait un illustre capitaine, bon juge, en pareilles matières. Pendant que Napoléon Bonaparte était lieutenant d'artillerie à Auxonne, il étudia sur place le siège de Saint-Jean-de-Losne. Il fut frappé de la défense héroïque des habitants. « L'amour de la patrie, avait-il coutume de répéter à ce sujet, — l'amour de la patrie enfante des prodiges, et l'on ne saurait trop faire entrer dans l'instruction l'histoire des belles actions du pays ! »

Puisse le récit qui va suivre éveiller ou raviver votre patriotisme, jeunes gens ! Et si les temps devenaient sombres, si l'ennemi arrivait encore dans nos campagnes, puisse le souvenir de 1636, vous rappeler que chaque ville, chaque village défendu par des cœurs vaillants, est appelé à devenir un nouveau Saint-Jean-de-Losne !

LE
SIÉGE DE SAINT-JEAN-DE-LOSNE

La politique de Richelieu à l'égard de l'Allemagne avait été de soutenir la Ligue protestante et les Suédois contre les catholiques et l'empereur. Il ne négligeait pas de profiter de la guerre, pour occuper sous de spécieux prétextes, les places fortes de l'Alsace, de la Lorraine, de la Valteline et de la Savoie.

Pendant un certain temps, tout avait marché selon les vues du grand diplomate. Mais les revers étaient venus successivement. Gustave-Adolphe avait trouvé la mort à Lutzen ; Walstein avait été assassiné à Egra, enfin l'épée des protestants s'était brisée à Nordlingen, bataille qui avait ruiné les dernières espérances du Cardinal. La France ne pouvait songer plus longtemps à recueillir les fruits d'une guerre qu'elle ne faisait pas. Le moment était venu de choisir entre l'offensive ou la défensive. Richelieu, aidé par son plus habile confident, le célèbre père Joseph, persuada au faible Louis XIII que la lutte était devenue inévitable. La France se voyait obligée de soutenir ses alliés, d'une manière efficace, si elle ne voulait les perdre. L'initiative était en ce moment préférable à l'attente.

De part et d'autre, on rassemblait des troupes sur la frontière. Le Cardinal devait combattre l'Empire, l'Espagne et une foule de princes mécontents, sans compter ses ennemis de l'intérieur. Mais l'Éminence rouge avait prévu toutes ces difficultés depuis longtemps : ses mesures étaient prises pour les résoudre en partie. Un traité signé le 8 février avec la Hollande, lui assurait le concours de cette puissance. Avec sa flotte, il ne redoutait plus la puissance maritime de l'Espagne.

Cinq armées s'apprêtèrent à défendre notre pays.

Au nord, les généraux de Brézé et de Châtillon concentraient les troupes destinées à agir dans la Flandre espagnole avec les Hollandais.

Une seconde armée guerroyait dans les Vosges sous le commandement des maréchaux de La Force et d'Angoulême. Son but était d'empêcher le prince Charles de Lorraine de pénétrer dans ses États. Il aurait pu y opérer un soulèvement d'autant plus dangereux pour le moment que Louis XIII avait besoin de toutes ses forces.

Une troisième armée se formait sous Langres. Conduite par le cardinal de La Valette, sa mission consistait à soutenir le duc de Weymar contre Galas.

Le duc de Chaulne dirigeait la quatrième en Picardie, tandis que M. de Créqui luttait en Italie contre les Espagnols.

Jamais la France n'avait eu pareil nombre de soldats sous les armes : C'était 132,000 hommes exécutant les plans que traçait Richelieu.

La guerre subit des alternatives de succès et de revers jusqu'au moment où le cardinal (1636) résolut de porter ses principales forces contre la Franche-Comté. Cette province, considérée comme neutre, offrait, en dépit des traités, un point d'appui au duc de Lorraine et aux Impériaux qui venaient se ravitailler

VUE PANORAMIQUE DE LA VILLE DE SAINT-JEAN-DE-LOSNE EN 1636

ARRIVÉE DES 12 AUXONNAIS

dans ses riches campagnes. « La véritable raison était, dit Montglat, la bienséance de la province. »

Condé, gouverneur de la Bourgogne, y conduisit un corps d'armée. Les instructions lui recommandaient d'agir avec précision et rapidité, selon la méthode de Gustave-Adolphe. Il occupa, sans coup férir, bon nombre de petites places, et le 1er juin, il mettait le siège devant Dôle. Mais les habitants conservaient une inébranlable fidélité pour la maison d'Autriche. Malgré les assurances d'un prompt succès que Condé donnait à la cour de France, les travaux d'attaque durèrent onze semaines. Pendant ce temps, des revers survinrent dans le Nord et Richelieu dut rappeler en toute hâte les troupes qui bloquaient la petite ville.

Ce fut alors que Lamboy, lieutenant de bataille de l'armée impériale, et Forkatz, lieutenant général des Croates, instruits de la diminution des forces françaises, résolurent de ruiner le pays. Le Doubs et la Saône étant guéables à cause de la sécheresse, rien ne les gênait dans la guerre offensive qu'ils méditaient.

Le 16 août 1636, l'armée française mettait Chaussin à sec. Cuiseau capitulait le même jour. Le 18, Verdun ouvrait ses portes après la quatrième sommation. Les troupes impériales parcouraient ces malheureuses contrées qu'elles ravageaient entièrement. Les coureurs ennemis paraissaient jusqu'aux portes de Beaune. Enfin, ces hordes rentraient le 26 en Franche-Comté pour y attendre qu'elles eussent fait leur jonction avec Galas. Elles devaient revenir en Bourgogne à la suite de ce général.

Le 28 août, les Croates, arrivés de Gray, brûlaient

Pontailler, Maxilly, Vonges et Lamarche. La terreur régnait à Dijon. On n'apprenait que de fatales nouvelles : les armées du Nord étaient battues, Richelieu décrétait des levées forcées à Paris, Charles de Lorraine commettait toutes les atrocités possibles dans le Bassigny.

Mais les dangers que couraient la Bourgogne et la Champagne frappèrent le cardinal. Devant La Vallette et le duc de Weymar, Charles de Lorraine dut se retirer. Bientôt après, Condé les rejoignait sous Langres et leur amenait quatre mille chevaux, et ces trois généraux arrêtèrent leur plan de campagne. On devait suivre Galas, empêcher les sièges, fatiguer les Impériaux par des escarmouches continuelles, les contenir dans leur camp, réduire en un mot cette campagne à une guerre de partisans.

L'armée française était inférieure en nombre, mais composée de vieux soldats armés à la légère, débarrassée de tous les *impedimenta* qui empêchent les armées de se mouvoir avec rapidité. Les généraux qui la commandaient étaient jeunes, actifs, brûlant du désir d'acquérir une grande renommée, et remplis de confiance par la prise de Saverne qu'ils venaient d'arracher à Galas.

Condé aurait dû avoir le commandement en chef, comme prince du sang et gouverneur des provinces. Mais craignant que l'exécution de ses ordres n'eût à subir des retards par suite de la jalousie des généraux placés sous lui, il écrivit au cardinal de La Valette « qu'à l'égard du commandement, il obéirait aux ordres du roi, préférant le bien de l'Etat et le contentement de Monseigneur le cardinal à toute autre chose. »

On devait arrêter en conseil la ligne générale des opérations, et chacun des chefs de corps agirait ensuite sous sa propre responsabilité pour l'exécution de la partie du plan qui lui était échue.

Les lieutenants se montraient dignes de leur général.

C'était d'abord le cardinal de La Valette. Fils du duc d'Epernon, gouverneur de Bordeaux et un des seigneurs les plus mêlés aux évènements des règnes de Henri IV et de Louis XIII, ce soldat qui n'appartenait à l'Eglise que par son titre et son habit, possédait au plus haut point la confiance de Richelieu. Tour à tour employé aux armées d'Allemagne, de Franche-Comté et de Picardie, il avait déjà reçu comme récompense de ses services le gouvernement de Metz, et son ambition n'aspirait qu'à de nouvelles distinctions.

Près de lui on voyait le duc Bernard de Weymar, un des plus grands capitaines du dix-septième siècle. Elève brillant de Gustave-Adolphe, il avait commandé après la mort de ce prince une partie de l'armée suédoise.

Richelieu se trouvait fort embarrassé, n'ayant presque point de troupes légères à opposer à la cavalerie allemande. Il s'était attaché le duc Bernard par un traité signé à St-Germain-en-Laye, le 26 octobre 1635. Moyennant quatre millions par an et une forte pension personnelle, le duc prenait l'engagement d'entretenir au service de la France 6,000 cavaliers et 12,000 fantassins. Cet homme que Montglat appelle « un grand cœur et une ambition démesurée, » avait attiré sous ses drapeaux par la réputation de liberté qu'il laissait à ses troupes, tout ce que l'Europe comptait d'aventuriers intrépides et d'hommes de guerre achevés.

Nous ne pouvons passer sur les officiers d'un rang secondaire, sans parler du comte Josias de Rantzau. Né dans le Holstein, il s'était attaché, tout jeune, à la fortune de Gustave-Adolphe. Rempli d'esprit, parlant avec facilité les principales langues de l'Europe, il était venu en France à la suite du chancelier Oxenstiern en 1635. Louis XIII l'avait remarqué et voulant s'attacher un homme de ce mérite, l'avait nommé colonel de deux régiments de cavalerie. Il l'avait envoyé rejoindre l'armée de Franche-Comté. Là, le nouveau colonel s'était distingué au siège de Dôle, où il perdit un œil d'un coup de mousquet.

Rantzau est resté légendaire par le nombre de blessures qu'il reçut. Il avait laissé successivement une jambe, un bras, un œil et une oreille sur les divers champs de bataille où il gagna une grande renommée militaire.

En 1636. il avait pour principale mission d'opérer ces coups de main hardis, qui portaient la terreur dans les rangs des Impériaux et empêchaient les Croates de s'aventurer trop loin hors de leurs lignes d'opérations.

Le prince de Condé, ayant pourvu à tout et voyant que l'armée de Galas ne se mettait pas en marche, se retira dans son château des Maillys. Le général en chef ressentait déjà les premières atteintes de la peste, dont la présence devait causer tant de ravages en Bourgogne, pendant le cours de cette année 1636.

Galas partit d'Alsace le 30 septembre avec une armée considérable. C'était, au dire de tous les historiens, la plus formidable qu'eût jamais commandée un général de l'Empire.

Suivant une relation manuscrite du siège de Mirebeau, elle comptait plus de cinquante mille hommes. Mais il faut ajouter que d'autres mémoires du temps et la pierre commémorative que les Losnais érigèrent en souvenir du siège, portent à quatre-vingt mille le nombre des Allemands qui envahissaient la Bourgogne. Huit mille femmes instruites au maniement des armes, cinquante pièces de canon, un nombre incalculable de chars, de valets et de goujats l'accompagnaient.

Les meilleurs lieutenants de l'Empereur la dirigeaient.

C'était d'abord Mathéo Galasso, ou Mathieu Galas, général en chef. Né en 1589, dans le pays de Trente, d'une famille obscure, il avait débuté dans la carrière des armes en Savoie, contre les troupes espagnoles, comme écuyer de M. de Beaufremont. Entré ensuite au service de l'Autriche, il avait été nommé colonel au début de la guerre de Trente-Ans. Remarqué par le célèbre Tilly, il prit une part active à la campagne contre les Danois. Membre du conseil impérial, c'était à lui qu'on avait remis le commandement de l'armée écrasée par les Suédois à Breitenfeld. Il avait pu couvrir la Bohême, battre Gustave-Adolphe à Nuremberg et à Lutzen. Plus tard, quand Walstein devint suspect à l'Empereur et que celui-ci chercha un général capable de résister au duc de Friedland, ce fut sur Galas que Ferdinand jeta les yeux.

Sous ses ordres s'avançaient la plupart des capitaines illustrés pendant la guerre de Trente-Ans.

C'étaient Gotz, Tieffembach, Buttler, le marquis de Grana, commandant l'artillerie et les bandes espagnoles, Saint-Martin, l'opiniâtre défenseur de Dôle et son corps franc-comtois, Edouard de Bragance, etc., etc. Mais celui qui se faisait le plus remarquer par sa naissance et aussi par sa haine pour la France était Charles III, duc de Lorraine.

Ce prince ambitieux avait voulu jouer un rôle au-dessus de ses forces, en profitant des embarras de la France et de l'Allemagne. Ami intime de Gaston d'Orléans, dont il devait être le beau-frère, il l'avait constamment soutenu de ses conseils et de ses subsides. Le rebelle avait toujours trouvé un asile assuré dans les États du duc de Lorraine, dont le rêve était de se servir des mécontents français pour consommer la ruine de Richelieu. Renié par son pusillanime beau-frère, il avait simplement servi d'exemple aux petits princes, pour leur apprendre la terrible maxime du Cardinal « qu'il ne fallait pas qu'il s'attaquassent aux grands, s'il ne voulaient se perdre. »

Dépouillé de ses États, obligé de quitter Nancy, Charles de Lorraine s'était mis au service de l'Empire, et revenait en France avec le désir de venger cet affront. Il conduisait la lie des armées d'Europe, attirée par la devise qu'il avait fait placer sur ses étendards : « Frappe fort, prends tout et ne rends rien ! »

Il serait bien difficile d'attribuer une cause certaine aux hésitations qui retardèrent l'entrée de Galas en France. Ferdinand II travaillait à faire élire son fils roi des Romains. Afin que cette élection pût se faire sans trouble, il avait envoyé Galas sur le Rhin avec ordre d'empêcher les Français de pénétrer en Allemagne ; Delamare prétend aussi, — et c'était l'opinion générale de son temps, — que le général allemand avait reçu de Richelieu une forte somme d'argent pour l'empêcher d'entrer en campagne. Galas ne traversa le Rhin que sur les ordres réitérés de l'empereur, prétextant toujours sa mauvaise santé.

Il pénétra enfin en Franche-Comté, où il fit sa jonction avec les troupes du prince Charles et celles qui avaient secouru Dôle. Puis, ayant rallié tous ceux qui devaient opérer sous ses ordres, il vint occuper Champlitte.

Le temps se passait en escarmouches qui retardaient la marche de l'ennemi. Les Impériaux ayant remporté plusieurs succès, Rantzau résolut de leur infliger une défaite.

La cavalerie allemande campait à Leffond, au pied d'une montagne, dans une position qu'on croyait inexpugnable. Rantzau et Guiche se dirigent sur elle pendant une nuit, avec deux mille cinq cents chevaux. Pendant ce temps La Valette et Weymar manœuvrent pour couper la retraite aux ennemis. Le mot d'ordre est « Saint-Louis » pour les Français, « Gott mit unz » (1) pour les Suédois. Les premiers ont la cocarde blanche pour signe de ralliement, tandis que les casques des seconds sont ornés de feuillage vert. La nuit est sombre, les Français en profitent pour pénétrer dans le camp ennemi, massacrent, incendient, jettent partout la terreur. Les Impériaux prennent la fuite, et Galas

(1) Dieu est avec nous.

surpris donne le signal d'alarme qui consiste en trois coups de canon.

Parmi le butin ramassé à Leffond, les Français trouvèrent, outre un grand nombre de chevaux et une quantité prodigieuse de munitions, toute la maison du général Isolani. Celui-ci n'avait pu sauver, ni ses équipages, ni son bâton de commandement, ni sa chaîne d'or, ni même sa maîtresse que les Suédois surprirent au lit ! (10 octobre 1636).

Galas comprenant enfin que l'unique but de ces escarmouches était de retarder son entrée en Bourgogne, s'avança avec toutes ses troupes sur Fontaine-Française. Le 21 octobre, il paraissait sous les murs de Mirebeau et occupait sans résistance, les points qui dominent la ville.

Un trompette se détacha du gros de l'armée et vint sommer les habitants d'avoir à se rendre, « qu'à leur refus on allait fondre sur eux, et qu'on ne leur ferait aucun quartier. » Ceux-ci, qui avaient reçu la nuit précédente du cardinal de La Valette, l'assurance d'un prompt secours, répondirent « qu'ils étaient fidèles sujets du roi, prêts à se battre pour son service ! »

Quatre régiments s'élancèrent à l'attaque des faubourgs longs et difficiles à défendre. Une lutte opiniâtre s'engagea aussitôt, et pendant une heure la garnison de Mirebeau parvint à repousser l'ennemi. Mais celui-ci s'étant emparé de plusieurs portes, les Français durent se retirer dans la ville, par le pont sur la Bèze, qu'ils barricadèrent.

Deux batteries, dirigées par le marquis de Grana en personne, commencèrent le bombardement. Le résultat ne fut pas considérable. Un nouveau parlementaire fut

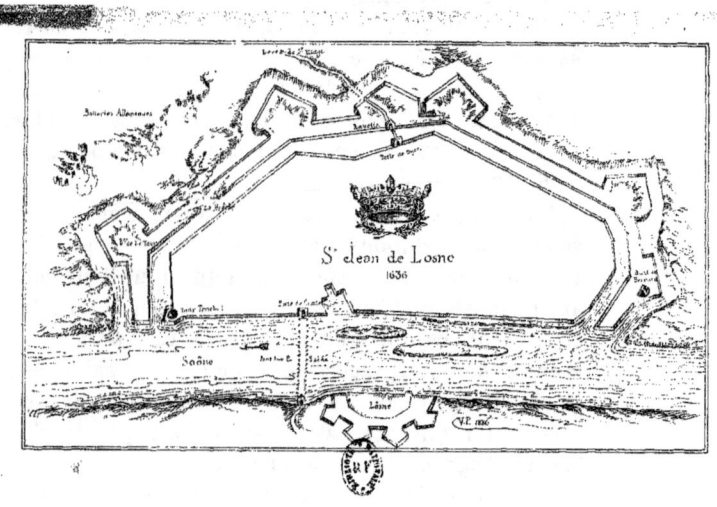

envoyé aux assiégés qu'il essaya inutilement de déterminer à se rendre, par la promesse de bons traitements.

Les régiments, qui venaient de s'emparer des faubourgs, attaquèrent immédiatement le pont. Afin de paralyser la défense, ils eurent soin de placer en avant les prisonniers qu'ils avaient faits dans les précédentes rencontres. La lutte dura cinq heures, mais les Français que commandaient MM. Villermin et Toussaint, conservèrent leurs positions. Malheureusement les Impériaux avaient trouvé plusieurs gués dans la rivière et la traversèrent pour couper la retraite aux défenseurs de la place ; ceux-ci s'aperçurent à temps de cette manœuvre.

Galas ordonna qu'on mît le feu aux portes de Mirebeau, mais les femmes et les filles parvinrent à éteindre ce commencement d'incendie, tandis que les hommes combattaient et repoussaient les assauts donnés en même temps sur plusieurs points. « La lutte dura jusqu'à six heures du soir. A ce moment les gens de Mirebeau mirent en sûreté les femmes et les blessés dans le château. »

Le pillage commença immédiatement et l'incendie éclaira bientôt la licence du soldat et le meurtre de tous ceux qu'on découvrait.

L'armée ennemie trouva dans cette petite place des vivres en abondance, et surtout du sel, qui lui manquait absolument depuis plusieurs jours.

Les hommes qui s'étaient enfermés dans le château combattirent avec vaillance pendant trois jours. Réduits à quarante, ils puisaient dans leur désespoir, le courage de résister à une aussi nombreuse armée.

Après avoir recommencé le bombardement, Galas fit de nouveau sommer M. Viard, qui commandait au château, d'avoir à se rendre. Ayant perdu tout espoir d'être secouru, ce dernier débattit une capitulation qui stipulait la vie sauve aux habitants, respect pour l'honneur des femmes, droit pour la garnison de quitter la place sans armes ni bagages, et de se retirer en toute sécurité à Arc-sur-Tille.

Au mépris de ce traité, la plupart des notables habitants furent emmenés en captivité. Le duc Charles de Lorraine et le colonel Wangler, dont une partie du régiment avait péri à l'attaque de la ville, demandaient la mort de tous ces vaillants citoyens. L'impartiale histoire doit cependant ajouter que ces faits se passaient à l'insu de Galas. Il en fut instruit pendant le siège de Saint-Jean-de-Losne, et donna les ordres nécessaires pour que la convention fût honorablement exécutée.

L'hiver approchait et chaque jour, les Impériaux sentaient le besoin de posséder une ville qui assurât leurs communications avec la Franche-Comté. Mais ils étaient indécis sur le choix qu'ils voulaient faire, et toutes celles qui se trouvaient sur les bords de la Saône leur semblaient incapables de résister. Des partis allèrent reconnaître les différentes positions, et d'après les rapports qu'ils firent au quartier général, il fut décidé qu'on occuperait Saint-Jean-de-Losne.

La facilité de s'en rendre maître, sa situation sur une grande rivière, sa position qui en faisait la clé des deux Bourgognes, le moyen de la fortifier à peu de frais et en peu de temps, guidèrent Galas dans son choix. On avait remarqué que la Saône fournissait de l'eau en abondance, et que rien n'était plus facile que de transformer la petite cité en une île impénétrable.

Le gros de l'armée se mit en marche sous la conduite du général en chef, le jour même de la capitulation de Mirebeau, en se dirigeant sur Spoix. Les avis des généraux étaient partagés, les uns voulaient marcher sur Beaune, d'autres sur Saint-Jean-de-Losne, Seurre ou Auxonne. Le prince Charles s'obstinait à vouloir prendre Dijon comme objectif. Toutefois, cet avis ne prévalut pas ; les Impériaux prirent le chemin de Rouvres et passèrent à une lieue de la capitale de la Bourgogne. Ce fut dans cette marche que le duc de Lorraine, qui chevauchait à l'avant-garde, poussa son coursier sur une éminence d'où il pouvait découvrir le quartier général français. Là, arrêtant son cheval, celui à qui Louis XIII « avait ôté son nom, contempla fixement et longtemps, le poing fermé, ces hautes flèches et ces tours qu'il dévouait à sa vengeance. »

Forklatz, avec une forte troupe de Croates, avait occupé Echenon. Esbarres, Charrey, Bonnencontre, Magny, Brazey avaient été brûlés par ses ordres, et les habitants de Saint-Jean-de-Losne pouvaient, à la vue des lueurs de l'incendie qu'ils apercevaient du haut de leurs remparts, se faire une idée de la cruauté de l'ennemi.

Pendant ces événements, la terreur régnait à Dijon. La Valette et Weymar étaient venus ranger leurs troupes sur les hauteurs de Fontaine et de Talant, prêts à se porter sur les points les plus menacés.

Le prince de Condé revenu à son poste en toute hâte, avait trouvé la capitale de son gouvernement dans une triste situation. La peste sévissait avec fureur. On enterrait chaque jour des centaines de pestiférés dans l'île formée par l'Ouche, au faubourg de ce nom. Le fléau fit de tels ravages que le Parlement dut cesser ses audiences.

Un des premiers actes du prince fut de faire rentrer dans l'ordre les auxiliaires suédois. Ces troupes commettaient les mêmes ravages que les ennemis. Il fit marcher des régiments sur Nuits, et dans un conseil de guerre, on discuta les moyens de secourir Saint-Jean-de-Losne.

La place paraissait si peu en état de se défendre qu'il fut question de la détruire pour l'empêcher de servir de refuge aux ennemis. Cette motion aurait sans doute passé sans les efforts du marquis de Tavannes, qui sauva en ce jour la petite cité.

Voulant ensuite porter secours à ceux qu'il venait d'arracher à une perte certaine, ce brave capitaine essaya, en passant par Beaune, d'amener à Saint-Jean-de-Losne des troupes et des munitions. Le vicomte de Turenne essayait la même chose depuis Chalon, pendant qu'un sieur Descoutures tentait de pénétrer par Seurre. Condé lui-même, à la tête de six mille soldats, chercha à se faire jour à travers la masse des ennemis. Il poussa jusqu'à Tart, mais arrivé là il reconnut l'impossibilité d'aller plus loin et dut rentrer à Dijon.

Cependant un soldat avait pu franchir les lignes ennemies et au prix de mille dangers pénétrer dans la place. Il venait avertir les Losnais qu'ils eussent à tenir ferme, que le prince s'occupait activement de leur porter secours, et que le colonel de Rantzau n'avait pas renoncé à l'espoir de leur donner la main.

Au moment de commencer l'histoire de cette mémorable résistance, il nous semble utile de faire en quelques lignes la description topographique de Saint-Jean-de-Losne, et de montrer au lecteur ce qu'était cette ville en 1636.

C'était le chef-lieu d'un baillage, partagé en deux parties très inégales par la Saône qui le traverse de l'est à l'ouest. Trois villages et quelques hameaux ne formant qu'une paroisse sous le vocable de N.-D. de Losne se trouvent au sud. C'est la partie qu'on appelle le côté de l'Empire.

La partie nord est formée des communes situées sur la rive droite : elle s'étend d'Échenon à Bonnencontre. C'était le côté de France.

Ce baillage possède un terroir gras et fertile, sa principale production est celle des céréales. On y trouve quelques vignes, mais de mauvais rapport.

Les prairies y sont bonnes et abondantes.

Le pays est bas, la Saône déborde souvent, et comme les eaux n'ont que peu ou point d'écoulement, la contrée est malsaine.

La ville est construite sur la rive droite, au milieu d'une verte et belle prairie, coupée par la Saône en deux parties égales, traversée au couchant par l'Ouche qui a son embouchure au dessus de la cité, et par la Vouge qui se jette dans la Saône, au-dessous de Saint-Jean-de-Losne.

Son étendue est de 700 pas de long, 320 de large, et 1,700 de superficie. Deux cents maisons s'élevaient dans cet espace et abritaient 366 feux. La population qui formait un total de 1,394 habitants se décomposait de la manière suivante: 284 hommes, 366 femmes, et 480 filles.

La peste y avait fait de grands ravages en 1629 et avait repris avec violence en 1636. L'armée du prince de Condé, lors de son retour de Dôle, et le passage continuel des blessés, avaient apporté dans la ville le terrible fléau.

Des huit compagnies du régiment de Conty, qui formait la garnison, 150 hommes étaient à peine en état de porter les armes. Les habitants ne fournissaient pas d'ailleurs un bien grand nombre de combattants, 400 selon les uns, 200 seulement au dire de Desclumes.

Dans sa description manuscrite de Saint-Jean-de-Losne, publiée en 1666 (trente ans après le siége), cet auteur affirme que la ville ne comptait que 220 feux, ce qui, à cinq personnes par feu, porte le nombre des habitants à 1,100, nombre encore exagéré après les pertes causées par les maladies.

Au moment de l'invasion, cette ville avait une prévôté royale, supprimée dans la suite et réunie à la magistrature municipale. La municipalité s'appelait *échevinage*, parce qu'il n'y avait point de maire.

Une assemblée générale tenue le jour de la Saint-Jean-Baptiste nommait les quatre échevins ainsi que les douze conseillers de la ville, choisis parmi les notables, qui prêtaient serment entre les mains des échevins conformément à l'arrêt rendu par le parlement de Bourgogne, le 23 novembre 1629.

Il n'y avait dans la ville qu'une paroisse faisant partie du diocèse de Langres, desservie par un vicaire,

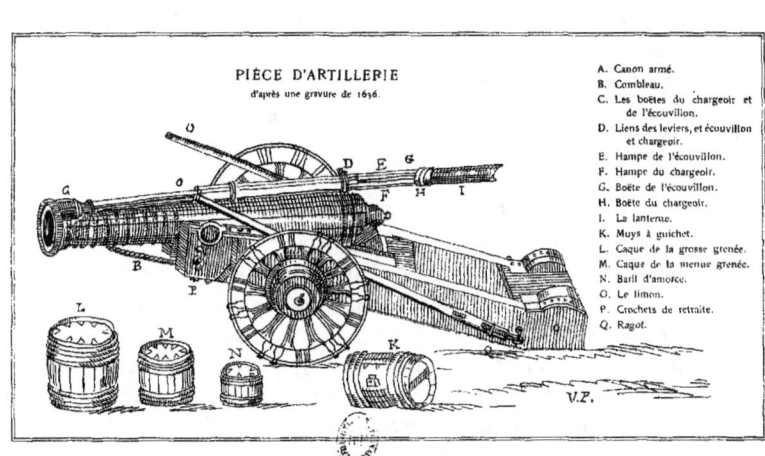

PIÈCE D'ARTILLERIE
d'après une gravure de 1676.

A. Canon armé.
B. Combleau.
C. Les boëtes du chargeoir et de l'écouvillon.
D. Liens des leviers, et écouvillon et chargeoir.
E. Hampe de l'écouvillon.
F. Hampe du chargeoir.
G. Boëte de l'écouvillon.
H. Boëte du chargeoir.
I. La lanterne.
K. Muys à guichet.
L. Caque de la grosse grenée.
M. Caque de la menue grenée.
N. Baril d'amorce.
O. Le limon.
P. Crochets de retraite.
Q. Ragot.

assisté d'une compagnie de prêtres familiers tous originaires de la ville.

On y trouvait aussi un couvent de Carmes composé de huit prêtres et d'un frère. Ces religieux dirigeaient une sorte de collége et enseignaient les humanités à la jeunesse. Les Ursulines avaient également une maison de quarante religieuses. Un hôpital bien bâti offrait quelques ressources aux indigents.

Avant la conquête de la Comté, Saint-Jean-de-Losne était considéré comme ville frontière et clé de France. Ses armes étaient *Ecartelé de Bourgogne moderne et ancienne, et sous le tout de gueules, à une boucle et ardillon fermé d'or.*

Voyons maintenant quels étaient les fortifications et les moyens de défense que cette petite cité pouvait opposer à l'invasion d'une aussi formidable armée.

La muraille était en briques à parapet avec renfort ou brais saillant un peu au-dessus de larges et profonds fossés. Son épaisseur était environ de 1 m. 80. Le côté des fortifications arrosé par la Saône s'étendait en ligne droite. A l'extrémité du côté de Seurre, se trouvait une maison à moitié ronde, appelée tour Truchot. A l'autre extrémité regardant Auxonne, il y avait une guérite rempardée, avançant dans la plaine et qu'on nommait la guérite Bernard. Entre les deux, la porte de Comté donnait accès sur le pont fermé par deux ponts-levis, l'un au milieu, l'autre à l'extrémité. Une petite guérite crénelée, servant d'abri à une sentinelle, se trouvait au-dessus de cette porte.

Le reste de la ville s'étendait dans la prairie et affectait, selon M. Delamare, un arc tendu dont le bord élevé de la Saône formerait la corde.

Au centre de cette partie de Saint-Jean-de-Losne se trouvait la porte de Dijon, suivie de trois autres, les unes sur les autres, dont les deux dernières tenaient ensemble par des murailles à créneaux, d'où l'on pouvait regarder sur les bastions. Au-dessus des deux premières portes, étaient des bâtiments posés sur les murailles, par où on communiquait de l'une à l'autre. C'est ce qu'on nommait *le Ravelin*. La quatrième porte était éloignée, des trois autres, d'environ soixante pas. (1)

Ce fut dans cette partie de la ville que se livrèrent de furieux combats.

Un fossé assez large, qui recevait les eaux de la Saône quand cette rivière débordait, entourait les fortifications. Afin de multiplier les défenses, on avait planté à douze pieds en avant de la muraille une bonne palissade sur les bords du fossé. Une levée de terre allait tout le long du rempart. Mais son but principal était moins de servir de défense, que d'empêcher lors des crues, la communication des eaux débordées avec celles du fossé.

Trois bastions défendaient la chaussée extérieure, mais ces trois élévations plus hautes et plus larges que le reste de la chaussée ne constituaient pas une fortification bien redoutable. Le premier se trouvait au bout des remparts du côté d'Auxonne et s'appelait le bastion Bernard, le second était placé à l'extrémité opposée et se nommait le bastion de la Tour. Le troisième, le bastion Saint-Jean, était construit près de la Porte de Dijon.

(1) Béguillet.

Chaussées et bastions avaient été rempardés avec des tonneaux remplis de terre. On voyait quatre guérites de bois sur les remparts : deux entre Bernard et la porte de Dijon, deux entre celle-ci et la tour Truchot.

Les Losnais avaient songé à creuser un second fossé en avant des fortifications extérieures. Toute la garnison y travaillait avec ardeur, quand le 25 octobre, le veilleur annonça du haut de l'église, l'arrivée des Croates. Chacun s'empressa de rentrer, car la cavalerie pouvait enlever une partie des défenseurs. Ce nouvel obstacle ne put donc être achevé ; mais les assiégés ne s'en préoccupèrent pas outre mesure. Leur courage, surexcité par leurs sentiments de fidélité au roi et au pays, était la meilleure défense.

A cette valeureuse population étaient venus se joindre des habitants des villages voisins. On avait remarqué parmi ces derniers, MM. de Montfleury, Petitjean de Brazey, Girard Jacquot, seigneur de Magny et baron d'Esbarres, ainsi que son fils, Claude Jacquot de Trémont. On engageait le baron d'Esbarres à ne pas exposer aux hasards d'un siège, l'existence de celui qui devait perpétuer sa race : « Je plongerais mon épée dans le cœur de mon fils, répondit-il, si j'avais le soupçon qu'il eût la moindre part à votre démarche. Lui et moi nous ne pourrons jamais trouver une meilleure occasion de verser notre sang pour la défense d'une ville d'où dépend le salut de la Bourgogne et le destin de la France ! »

L'armée impériale se déroulait devant Saint-Jean-de-Losne et prenait ses positions. Le quartier-général fut établi à Saint-Usage. Goëtz, Ritterg, Tienffenbach,

Reissembach et Bonneval habitaient ce village. — Galas et le duc de Lorraine s'étaient installés à Montot. Grana et St.-Martin cantonnèrent les troupes espagnoles à Brazey. Isolani et ses Croates occupèrent Trouhans. Enfin Lamboy, qui formait l'avant-garde du côté des Français, s'était retranché à Tart, Rouvres et Varanges.

Les Losnais n'étaient point demeurés inactifs et avaient réparti entre eux la défense de la ville. M. Rochefort d'Ailly de Saint-Point commandait la garnison ; mais atteint de la maladie pestilentielle, il avait dû remettre ses pouvoirs au capitaine de la seconde compagnie, M. de Machault.

Il paraît que ce dernier croyait peu aux protestations de dévouement et de fidélité des habitants, sentiments qui devaient, selon lui, s'envoler aux premiers coups de canon. Aussi avait-il formé le dessein de se rendre à Seurre avec les hommes de son régiment, capables de porter les armes, et de se joindre à la garnison de la ville.

Ce projet était à peine connu, que les magistrats de Saint-Jean-de-Losne allèrent trouver Machault, le suppliant de ne pas les abandonner à l'heure du danger. Mais il les reçut avec rudesse. Jusqu'au dernier moment, on avait attendu, dit-il, le secours promis par le prince de Condé, il était actuellement impossible qu'il arrivât. La prudence lui recommandait de ne pas tarder davantage à battre en retraite. D'ailleurs, ajoutait-il, ses soldats étaient assez mal disposés à défendre la place, depuis longtemps, la solde n'avait pas été payée, et on devait six cents écus d'or aux compagnies tenant garnison à Saint-Jean-de-Losne.

C'était en effet une des tristes habitudes de l'époque, l'armée refusait d'obéir à ses chefs quand elle n'était pas régulièrement soldée. Les magistrats lui répondirent avec véhémence, l'orgueilleux gentilhomme fut blessé et congédia rudement la députation.

Désespérés de cet accueil, les échevins et les notables allèrent trouver d'Ailly, et, sans craindre la contagion, s'approchèrent du lit du malade. Pierre Desgranges et Lapre plaidèrent avec chaleur la cause de leurs administrés. Ils parvinrent à toucher le commandant en chef. Tous les officiers de la garnison furent immédiatement convoqués en Conseil de guerre. D'Ailly voulait entendre toutes les raisons avant de prendre une détermination définitive.

Machault parla le premier. Il démontra que l'ennemi disposait d'une artillerie considérable, et que la position occupée par ses pièces sur la hauteur de Saint-Usage, lui permettait de faire tomber en quelques heures les fortifications de la ville. On n'avait aucun moyen de répondre efficacement au feu des Impériaux. Cent cinquante soldats pouvaient-ils arrêter une armée sur la brèche ? On aurait sans doute le concours des habitants, mais ces braves gens parlaient des dangers comme d'une chose inconnue, et il était fort à craindre qu'il n'entrât plus de jactance dans leurs promesses que de virile résolution. Devait-on sacrifier inutilement la vie de braves soldats dans de telles circonstances ?

L'étonnement, la douleur et l'indignation se lisaient sur la figure des magistrats. Pour corriger le mauvais effet produit par le discours de Machault, le capitaine Viserny et le lieutenant Desromans prirent la parole.

Ils affirmèrent hautement et devant tous qu'on ne devait pas imputer à leur mauvaise volonté leur désir de quitter la ville ; leur honneur militaire en était le plus sûr garant. Si le général français avait voulu défendre la place, il aurait envoyé des secours. On avait attendu en vain jusqu'au dernier moment la réalisation de ses promesses, il devait avoir changé de plan.

« Vous pouvez partir, messieurs, s'écria Pierre Desgranges, quant à nous, nous ferons seuls notre devoir en gens déterminés. Le prince de Condé n'a pas engagé sa parole à la légère de venir à nous. Nous attendrons l'exécution de ses promesses, en nous défendant comme des hommes de cœur doivent le faire ! Le sort de la guerre nous expose les premiers aux coups de l'ennemi, c'est donc à nous qu'il appartient de donner l'exemple à ceux qui se trouveront par la suite, dans de semblables circonstances ! »

D'Ailly avait été remué par ces fermes accents. La maladie qui le tenait couché sur son lit n'avait point abattu son grand cœur, et avait laissé intacts ses sentiments d'honneur militaire.

« Non, messieurs, s'écria-t-il, les choses ne se passeront pas de la sorte. Ce serait une honte que des bourgeois nous apprissent à défendre une place que le roi nous a confiée. Agir autrement serait une lâcheté dont le régiment de Conty aurait à rougir. Nous resterons à Saint-Jean-de-Losne ! »

Les officiers, qui avaient d'abord approuvé le discours de Machault, mais qui aimaient d'Ailly comme un père, à cause de ses chevaleresques qualités, se rangèrent sans difficulté à son avis. Toutefois, Machault fit observer que la maladie du commandant plaçait entre ses mains le commandement en chef, et qu'étant seul responsable des suites, il persistait dans ses premières résolutions.

« Il est vrai, monsieur, s'écria d'Ailly, que vous tenez ma place aujourd'hui. Mais je serais encore de force à me faire porter sur la brèche, dans le cas où vous ne voudriez pas user du pouvoir selon les lois de l'honneur ! » Et, prenant le ciel à témoin, il jura de brûler la cervelle au premier qui parlerait de se rendre.

Jean de Lettre, vieillard à cheveux blancs, et un des doyens des conseillers de la ville, mit fin à cette pénible scène. Il saisit à deux mains un jeune aide-major nommé Barette, officier de fortune né à Dijon, et le supplia de vouloir bien contribuer avec eux à la défense de la Bourgogne, leur mère commune. Cette action acheva de décider les autres officiers, qui jurèrent d'unir leurs efforts à ceux des habitants. Se voyant abandonné de tout le monde, Machault quitta la salle, en menaçant de contraindre la garnison à partir.

L'arriéré de la solde était une préoccupation pour tous les esprits. Martène avança les 600 écus d'or, et procura ainsi de vaillants défenseurs à son pays.

On se partagea immédiatement les postes à défendre, et on assigna à chacun le point de la muraille auquel il devrait se porter à l'heure du combat.

Barette, que d'Ailly avait tout spécialement chargé de la surveillance de la place, se réserva le plus périlleux, et choisit l'endroit le plus avancé sur la route de Saint-Usage. On y avait élevé des retranchements et des barricades. Vingt hommes, habitants ou soldats, l'accompagnèrent.

Un capitaine commandait à la première porte. Il avait sous ses ordres les citoyens Millot, Denevers et Robin. Viserny, de Lettre et Martène défendirent la porte de Dijon à l'intérieur. Poussis et un autre officier se tenaient à la demi-lune formée par la muraille entre la porte de Dijon et la tour Truchot. Deux échevins étaient à la tête du détachement qui devait se porter partout où le danger serait le plus grand. Enfin, les paysans réfugiés dans la ville, formèrent un corps volant, sous la conduite de Montfleury, du baron d'Esbarres et de Petitjean de Brazey, corps que le chef se réservait d'employer le plus utilement possible.

La première attaque eut lieu sans sommation. Cinq cents mousquetaires de Mercy attaquèrent le pont de Saint-Usage, dans la soirée du 25 octobre. Mais Barette les reçut si rudement qu'ils se retirèrent croyant avoir affaire à une troupe bien supérieure en nombre.

Le lendemain 26, Galas envoya reconnaître la place de plus près. Les éclaireurs lui apprirent que tout paraissait tranquille et que les habitants faisaient bonne garde, comme des gens résolus à se défendre vigoureusement. Il tint un conseil de guerre dans lequel il représenta que la saison devenant mauvaise, il était urgent que le siège ne trainât pas en longueur, que la place était indispensable à l'armée pour assurer ses communications avec la Franche-Comté, que l'assurance des assiégés prouvait suffisamment qu'ils avaient été secourus ou qu'ils comptaient sur de prochains renforts. Son avis était de leur offrir une capitulation honorable. Comme la place ne pouvait tenir contre une armée considérable, il n'y avait aucun doute que les habitants ne consentissent à se rendre. A ces paroles, le duc de Lorraine s'emporta. Il prétendit qu'il était honteux d'entrer en négociations avec une pareille bicoque ; qu'on avait tout le temps nécessaire pour la forcer, et que lui n'entendait pas prendre ses quartiers d'hiver ailleurs que dans le Duché.

On fit mettre aussitôt douze canons en batterie sur une hauteur qui se trouvait alors entre Saint-Usage et la ville et quatre mortiers à bombes sur la chaussée.

Pendant ces préparatifs, un tambour vint de la part du général en chef sommer les habitants de mettre bas les armes et de lui tenir son déjeuner prêt pour le lendemain. Les assiégés répondirent que Galas n'avait qu'à se présenter, qu'il serait bien reçu. Irrités de cette audace, les Impériaux ouvrirent le feu et lancèrent plus de cent boulets sur la ville. Fort heureusement ils ne firent pas grand mal, parce que les pièces ayant été pointées bas pour démolir plus vite le pied du mur, les projectiles se perdirent presque tous dans le terrain de la chaussée.

27 octobre. — Une forte colonne attaqua les bastions Saint-Jean et de la Tour, à la pointe du jour. Les ennemis se ruaient en nombre si considérable sur les fortifications, qu'on pensa un instant que la ville allait tomber en leur pouvoir. Ceux qui défendaient les bastions lâchèrent pied devant une pareille multitude, mais on vint à leur secours, et le syndic Poussis fit jouer fort à propos, trois petits canons qui firent beaucoup de mal à l'ennemi. Leur retraite permit aux Losnais de réoccuper le terrain perdu.

28 octobre. — Barette et les vingt hommes qu'il commandait s'étaient aussi retranchés dans le poste qu'ils occupaient au commencement du siège. De là ils gênaient beaucoup les Impériaux dans leurs travaux d'approche contre la ville. Ceux-ci résolurent d'enlever cette position et, le 28 au matin, un capitaine du régiment de Galas s'avança suivi de ses hommes pour déloger les Losnais. Il sortit des rangs et vint proposer à Barette un combat singulier ; celui-ci l'abattit d'un coup de mousquet. Les Impériaux, furieux de la mort de leur chef, s'élancèrent sur le poste l'épée à la main, renversant barricades et tonneaux. Deux fois les Français parvinrent à les repousser, mais à la fin, écrasés par le nombre, Barette et la plupart des siens étant blessés, ils durent rentrer dans la place. Un capitaine et un sergent avaient été tués, deux lieutenants grièvement blessés.

Les Allemands s'aperçurent qu'ils avaient devant eux un ennemi acharné. Ils songèrent à abattre le moral des Losnais par un bombardement continu. Pendant toute cette journée l'artillerie impériale lança une pluie de bombes sur la ville. L'effroi fut grand parmi la population. Les femmes principalement craignaient de voir leurs demeures livrées aux flammes. On les rassura comme on put. Il fut toutefois impossible d'empêcher deux ou trois habitants de Saint-Jean-de-Losne et sept ou huit paysans de prendre la fuite. Leurs maisons furent pillées, le vin et les vivres

MORT DE J. BOILLAUD, D'AUXONNE

qu'elles renfermaient, portés sur les remparts et distribués à la garnison.

L'exemple du courage est aussi contagieux que celui de la lâcheté. Un assez gros détachement de l'armée de Galas, étant allé attaquer le château de Bonnencontre, quinze paysans qui s'y étaient renfermés, résistèrent avec opiniâtreté aux assaillants qui durent se retirer (1).

29 octobre. — Les Impériaux employèrent la nuit à pousser activement leurs travaux d'approche.

A sept heures du matin, un feu épouvantable d'artillerie et de mousqueterie était dirigé sur la place. A l'abri de cette fusillade, Galas fit avancer deux régiments d'infanterie et un escadron de dragons. Ces troupes purent s'approcher de la première porte qu'elles brisèrent à coups de haches. Les Losnais opposèrent une résistance désespérée. Tout ce qui n'était pas utile à la garde des remparts était accouru sur le théâtre du combat. Ils durent, malgré ce renfort abandonner cette porte et se retirer sur la seconde. La mêlée était telle, qu'on craignit un instant que Français et Allemands ne pénétrassent pêle-mêle dans la ville.

Le plan des généraux ennemis consistait à s'emparer ce jour-là de tous les dehors, depuis le bastion Saint-Jean jusqu'à la Saône.

L'artillerie recommença à couvrir la ville de bombes, espérant occasionner des incendies, qui occuperaient une partie de la garnison. Trompés sur l'étendue de la cité qu'ils croyaient plus grande, ils envoyèrent

---

(1) Manuscrit de M. de Fontette, cité par Béguillet, Histoire des guerres des deux Bourgognes, p. 156.

la meilleure partie de leurs projectiles incendiaires dans la rivière.

Une fausse attaque fut dirigée contre la tour par Gonzague, ayant la cavalerie sous ses ordres. Pendant ce temps, Clinchant soutenu par deux escadrons et par l'infanterie de Grana attaquait la chaussée et les bastions qui se trouvaient dans la partie gauche de la ville, et qui restèrent en son pouvoir.

Les Losnais comprirent qu'il devenait impossible de soutenir une telle lutte. La moitié de leurs dehors était entre les mains de l'ennemi, ils n'espéraient plus conserver bien longtemps ce qui leur restait. Rien ne paraissait du côté de Dijon, malgré les promesses du prince de Condé. Dans la nuit du 29 au 30, ils envoyèrent à Seurre, Jean Bernier, avocat au parlement de Dijon, qui représenta au colonel La Motte Houdancourt, commandant un régiment de mousquetaires, l'extrême péril dans lequel se trouvaient les Losnais. Le digne officier promit sans hésiter son concours dans la mesure la plus étendue. Il partit le lendemain avec cent hommes, emportant les remerciments de Bernier,... qui le laissa aller !

Une forte pluie mêlée de neige, ne cessa de tomber pendant toute la nuit : elle força les assiégeants à l'inaction et les Losnais purent prendre un repos bien mérité. Le 30, ils virent avec terreur Galas élever une nouvelle batterie, qui ouvrit bientôt un feu violent contre le bastion Saint-Jean, pour abattre les terres et faciliter l'assaut.

30 octobre. — Le colonel Ludovic conduisit l'attaque contre le bastion de la Tour. D'abord repoussé avec perte, il se mit à la tête de ses troupes, les enflamma par son exemple, et parvint à emporter ce point que les assiégés étaient trop peu nombreux à défendre. Une partie des défenseurs de la levée qui joint les bastions de la Tour et Saint-Jean avaient couru à la défense du premier. L'ennemi s'aperçut de cette faute et amenant des forces, s'empara presque sans coup férir de cette partie des fortifications extérieures. Les Lorrains profitèrent de ce succès pour prendre en flanc les Losnais combattant avec succès au bastion Saint-Jean, et qui furent contraints de rentrer en ville pour éviter d'être faits prisonniers. L'artillerie des remparts parvint à retarder le logement des ennemis dans ce bastion.

La Motte Houdancourt et son détachement entraient à Saint-Jean-de-Losne sur ces entrefaites. Il envoya de suite un renfort de trente hommes aux combattants. Encouragé par la venue de ces nouveaux soldats, on reprit si vigoureusement l'offensive que les Impériaux furent repoussés. Malheureusement ce succès coûtait aux Français, le brave Desromans qui fut tué.

La Motte Houdancourt visita tous les postes, félicita les assiégés de leur patriotisme et ne pouvant abandonner sans ordre la garde de la ville qui lui était confiée, regagna Seurre, laissant 60 de ses meilleurs soldats sous le commandement du capitaine de Loyac.

Le colonel ayant été desservi à la Cour fut blâmé pour avoir quitté son poste. Mais le Roi, instruit dans la suite du service qu'il avait rendu, lui témoigna toute l'estime qu'il avait de sa sagesse.

Le renfort que les Losnais venaient de recevoir ranima leur courage. Ils conçurent l'idée de reprendre l'offensive, comptant s'emparer ainsi des portes occupées par les Allemands. Ils prièrent Loyac de conduire cette opération, ce qu'il accepta volontiers. Trente de ses soldats devaient l'accompagner. A eux se joignirent cinquante hommes appartenant à Conty et aux habitants. Parmi ces derniers, on voyait de Trémont, Desgranges, Garnier, Martène et Petitjean.

Sorti par la porte de Dijon, Loyac ordonna à six mousquetaires de marcher droit sur l'ennemi sans s'inquiéter de sa décharge. Ceux-ci se précipitèrent sur les Impériaux, suivis des Losnais qui attaquèrent si vigoureusement qu'ils chassèrent tout ce qui se trouvait devant eux. Les Allemands abandonnèrent alors leur nouvelle position, dans laquelle ils avaient déjà entassé des artifices de toutes sortes, en vue de l'attaque du bastion Saint-Jean. Dans leur fuite et malgré leur résistance, on s'empara d'un drapeau qui fut adjugé par Loyac aux habitants, malgré les réclamations de ses soldats. L'étendard fut porté à l'église au milieu de l'allégresse générale.

Galas ayant eu connaissance du secours reçu par les assiégés poussa plus activement ses opérations. Par son ordre, l'artillerie redouble son tir. Une brèche de 26 pieds est pratiquée dans la muraille. Des paniers à feu remplis de cartouches et d'artifices tombent à chaque instant dans la ville. Plusieurs maisons sont effondrées par les bombes. Le mot de capitulation se fait entendre, mais la fermeté des magistrats vient à bout de toutes les résistances. Toutes les précautions ayant été prises, on résolut de pendre ceux qui parleraient de reddition.

31 octobre. — Les Losnais ne possédaient plus que

le bastion Saint-Jean, dont l'ennemi résolut de s'emparer à tout prix.

Loyac avait voulu prendre le commandement de la place, dirigé jusqu'alors par le brave Desromans. Afin de ménager les forces des habitants, il se chargea de veiller à la sûreté de tous avec trente hommes de sa suite.

Sur les 4 heures du matin, une masse considérable d'ennemis se jeta sur les gardes. Malgré la brillante valeur que le capitaine déploya dans cette affaire, il se vit contraint de se retirer avec sa petite troupe, réduite à trois ou quatre hommes.

Sans perdre de temps, les assiégeants se ruèrent sur la porte d'où on les avait délogés la veille. Grâce au nombre, ils obtinrent l'avantage et pénétrèrent pêle-mêle avec les assiégés jusqu'à la seconde porte près de laquelle se livra un furieux combat. Fuir plus loin devenait dangereux, car les Allemands pouvaient pénétrer en ville à la suite des Français. Les femmes accoururent fort à propos au secours de leurs maris. Montées sur le Ravelin, elles accablèrent les Impériaux de projectiles de toute espèce. Viserny avait rassemblé le corps de réserve auquel s'étaient joints Montfleury, de Trémont, Petitjean ayant à leur tête l'échevin Lapre. Ces braves gens chargèrent vigoureusement les Autrichiens et les firent reculer ; mais de nouveaux renforts étant arrivés, ceux-ci purent arrêter leur mouvement de retraite. Le terrain qui ne leur permettait pas de se développer, compensait l'infériorité numérique. On combattait à l'épée, on s'assommait à coup de crosses de mousquets. De Lettre et Martène s'étaient fait apporter des pertuisanes et s'en servaient avec adresse. Enfin les ennemis ayant reculé jusqu'à la troisième porte, elle fut fermée et barricadée le mieux qu'on put.

Les deux partis firent trêve pendant quelques instants. De nouvelles troupes impériales s'avancèrent et reprirent la porte qu'on venait de leur arracher. La seconde tombait bientôt en leur pouvoir. Les habitants s'étaient réfugiés dans la ville et les Allemands s'acharnaient à enfoncer la troisième porte, dernier obstacle à renverser. Tout semblait alors perdu ! Plusieurs songeaient à la retraite, quand Martène releva les courages par ses mâles exhortations. Les femmes retournèrent aux remparts, et firent pleuvoir sur les Impériaux une grêle de tuiles, — la plupart des couverts furent dégarnis, — pendant qu'on dirigeait sur eux une telle fusillade, qu'ils délogèrent au plus vite. Malheureusement les Losnais achetaient ce triomphe au prix du capitaine Viserny, qui fut si horriblement blessé, qu'il lui fut impossible de prendre part aux combats qui se livrèrent dans la suite.

Un danger était à peine écarté, qu'il fallait en conjurer un autre. Pendant que les assiégés s'efforçaient de fermer, à l'aide de planches et de madriers, la seconde porte qu'ils avaient pu conserver au prix d'efforts inouïs, les Impériaux tentaient une escalade du côté de la Tour Bernard. Pelletier et Ramaille faisaient bonne garde de ce côté, et parvinrent à renverser les échelles dans le fossé.

Ce fut à ce moment que se passa un fait rapporté par tous les historiens.

Une jeune fille, apprenant que son père venait d'être tué, courut sur le rempart. Elle ne put que constater

OFFICIER GÉNÉRAL DE TROUPES A CHEVAL ET MOUSQUETAIRE
EN 1636

la triste vérité. Remplie de douleur et de rage, elle prend un mousquet et abat un officier posté devant elle. Un coup de feu renverse immédiatement la jeune héroïne, et la couche, mortellement atteinte, sur le cadavre de celui qu'elle vient de venger.

Les femmes s'aguerrissaient d'ailleurs peu à peu. Passant avec leur mobilité naturelle de la crainte excessive à la plus téméraire hardiesse, on les voyait se mêler aux travailleurs qui réparaient la brèche, porter des vivres aux assiégés, ou bien armées d'épées, de mousquets ou de haches, repousser les attaques sans s'inquiéter des coups dirigés sur elles.

Une dame Michaut avait coutume de crier aux Impériaux des injures plaisantes auxquelles ils répondaient par des propos libertins.

Tous les dehors de la place étant au pouvoir de Galas, il songea à donner un assaut général dans l'après-midi. Les Losnais n'envisageaient pas cette éventualité sans crainte. Ils n'osaient plus compter sur le secours promis. Le fer et le plomb avaient fait de larges vides dans les rangs des soldats de Loyac. La plupart de ces braves gens étaient tombés à la défense du bastion Saint-Jean. La garnison, privée de ses meilleurs officiers, commençait à murmurer, chacun se demandait comment on pourrait soutenir un assaut, sur une brèche large de trente-six pieds !

Fort heureusement une pluie violente changea les dispositions de l'ennemi et le retint dans ses cantonnements. Afin d'empêcher leurs adversaires de travailler à la brèche, ils reprirent le bombardement avec une nouvelle vigueur. Mais, les magistrats ne la firent pas moins remparder avec des tonneaux remplis de terre. S'apercevant que le courage des habitants semblait fléchir, ils résolurent de les faire s'engager par serment et par écrit à mourir pour le roi et la patrie !

1er novembre. — Tous les hommes qui n'étaient pas indispensables à la défense de la place furent convoqués au corps de garde près la porte de Saône.

Cet endroit qui fut le témoin d'un des faits les plus glorieux de notre histoire nationale, se trouvait situé sur la place de la Délibération actuelle.

Les principales dispositions de cette pièce étaient arrêtées et on en commençait la rédaction, quand les sentinelles poussèrent le cri d'alarme. Tous coururent aux remparts. La cavalerie s'avançait d'un côté, chargée de fascines pour combler les fossés, pendant que l'infanterie, protégée par un feu des plus vifs, tentait de rompre la porte que les habitants avaient réparée la veille. Ce fut à ce moment que l'avocat du Roi, Michel de Toulorge, qui commandait l'artillerie de la place, fit faire feu à ses pièces, si à propos, que fantassins et cavaliers durent se replier en toute hâte.

Le fossé comblé et un large pont praticable formé, Galas lança ses grenadiers. Ils couvrirent la brèche de tant de grenades, qu'il ne fut bientôt plus possible d'y rester. Franchissant la palissade, les Impériaux montèrent sur le rempart en poussant des cris féroces. Ils y avaient déjà planté deux guidons, quand les habitants accourus les repoussèrent par un suprême effort.

Tout le monde combattait à ce moment. Les malades et les vieillards avaient quitté leurs demeures. Le père de Petitjean de Brazey, que la goutte clouait sur son grabat, se fit porter sur le champ de bataille. Assis derrière un créneau, sa vieille femme accroupie entre son fils et lui, il faisait le coup de feu comme aux plus beaux jours de sa jeunesse. Un peu plus loin, le baron d'Esbarres, installé sur un fauteuil, déchargeait les armes que lui passaient des domestiques rangés autour de lui.

Parmi les combattants les plus braves, on remarquait un carme du couvent de Saint-Jean-de-Losne, le frère Denis Falcon. Ce religieux avait porté les armes avant d'entrer dans le cloître, et y avait même acquis une certaine réputation. A l'heure du péril, il s'était souvenu de son ancien métier, et avait quitté sa cellule, pour venir encore une fois, se mesurer avec les ennemis de son pays.

Des enfants chargeaient sans interruption les fusils de relais. Les chroniqueurs nomment le petit Lécrivain comme s'étant particulièrement signalé par cette crânerie gauloise, qui est le partage des gamins de notre pays.

Les femmes ne restaient point inactives. Pendant que les unes portaient des munitions et coulaient des balles pour les mousquetaires, — presque tout le plomb des vitraux fut fondu par elles, — d'autres armées de haches et de couperets tranchaient les mains des assaillants qui s'accrochaient aux parapets des remparts. Longtemps après le siège, on montrait une dame Richier, qui passait pour avoir mutilé une cinquantaine d'Impériaux.

La nuit vint mettre un terme à cette scène de carnage. Les Losnais étaient épuisés de fatigue, et redoutaient plus les ténèbres que les attaques du jour. Un épais brouillard couvrait tout le pays, à peine distinguait-on à cinq ou six pas devant soi. Que faisait l'ennemi pendant ce temps ? Un silence de mort avait remplacé le tumulte du combat. Aucun coup de feu, aucun bruit de pas ou de voix ne venaient renseigner les assiégés. Les Impériaux avaient-ils regagné leur camp, ou bien préparaient-ils une escalade nocturne ? Toute la population de Saint-Jean-de-Losne passa la nuit dans la plus cruelle anxiété.

On jetait bien de la paille et des étoupes enflammées dans les retranchements, moyen qui montrait l'absence d'ennemis, mais cet expédient ne rassurait qu'à moitié. L'accablement que la lutte avait produit chez les Français était tel, qu'ils n'eurent pas la force de réparer la brèche, comme ils l'avaient fait la nuit précédente.

2 *novembre*. — Au point du jour, la cavalerie lorraine alla se ranger du côté de la Saône auprès du bois de Lantonge, des escadrons allemands prirent position à l'opposé, mais après cette manœuvre, personne ne bougea. Les Losnais constatèrent avec joie, que les pluies continuelles avaient tellement gonflé la Saône, que l'eau coulait à pleins bords dans les fossés. La plus grande partie des fascines avaient été entraînées, ce qui détruisait un des avantages de l'ennemi. Les habitants attribuèrent cette crue à la protection divine, et leurs courages furent relevés.

Un cri d'indignation courut la ville. On venait de constater la fuite de nouveaux habitants. C'étaient le troisième échevin, Jean Morel, notaire royal, et un des douze conseillers, le médecin Louis Passard. « Le premier, dit une relation, tremblait comme un castrat, depuis le commencement du siège. »

Sur le champ, les magistrats firent dresser une potence, menaçant d'y pendre ceux qui parleraient de chercher leur salut dans la fuite. Ainsi les bourgeois de Saint-Jean-de-Losne agissaient comme le firent deux siècles plus tard les défenseurs de Saragosse. Dans ces villes, la crainte du gibet força les lâches à faire leur devoir.

L'assaut qui se préparait semblait devoir être le dernier.

Galas voulut auparavant essayer de la persuasion. Le colonel Ritberg accompagné d'un tambour parut sur la brèche. Il représenta aux Losnais qu'ils avaient vaillamment fait leur devoir, et que l'honneur satisfait n'exigeait pas de plus longs sacrifices. Le général en chef, plein d'estime pour leur belle défense, leur offrait une capitulation honorable et avantageuse, bien qu'ils n'eussent plus aucun espoir d'être secourus. Les habitants répondirent que leur intention était de combattre jusqu'à la mort. Etonné d'une pareille énergie, le colonel les quitta en leur disant qu'ils n'auraient qu'à s'en prendre à eux seuls, s'ils subissaient les horreurs réservées à une ville prise d'assaut.

Les magistrats disposèrent tout en vue d'une retraite. Par leurs ordres, les rues furent encombrées de barricades et de chariots renversés. Les combattants devaient gagner le pont de Saône, par des coupures faites dans les maisons. Devant la brèche, on creusa une fougasse dans laquelle on entassa tout ce qui restait de poudre. Elle devait faire explosion en même temps que deux pièces chargées à cartouches, quand les Losnais se retireraient.

Comme il importait que les Impériaux ne puissent

pas tirer parti des vivres et des habitations abandonnées, l'incendie de la ville fut résolu. De la paille et des matières combustibles furent entassées dans toutes les maisons. De longues mèches préparées pour y conduire le feu devaient être enflammées par les vieillards et les enfants, au signal donné par le tocsin. On dirigea les malades et les blessés sur Seurre, pendant que les charpentiers coupaient l'arche du pont, qui s'abîmerait dans la Saône, une fois le dernier Losnais passé.

Il ne restait plus qu'à s'engager par écrit à vaincre ou à mourir. On reprit la rédaction de l'acte interrompu la veille par l'assaut des Allemands. Les échevins proposèrent de dresser un procès-verbal et de le porter signer à ceux qui n'étaient point présents au corps de garde.

Le registre des délibérations municipales était chez Claude Nivelet, greffier héréditaire atteint de la peste ainsi que sa femme. Plusieurs assistants offrirent d'aller le chercher, mais les magistrats ne voulurent pas consentir à ce qu'ils affrontassent la contagion. D'après leurs ordres, Jean Gagnet, commis-greffier, rédigea sur d'autres feuilles de parchemin, cette fameuse délibération, devenue un titre immortel de gloire pour la ville de Saint-Jean-de-Losne.

« Nous, Pierre Desgranges et Pierre Lapre, échevins et juges ordinaires de la ville et commune de Saint-Jean-de-Losne, sçavoir faisons à tous qu'il appartiendra, que cejourd'hui deux novembre 1636, environ l'heure de midy, nous nous sommes assemblés avec les habitants ci-après dénommés, au corps de garde de la porte de Saône, savoir :

Michel de Thoulorge, conseiller, avocat du roi en ce baillage ; sieur Jean Pelletier, procureur du roi ; honorable Claude Martène, Jean de Lettre, Jean Dumay, Etienne Robin, François Verderet, Bénigne de Villebichot, Philibert Michelot, Claude Buron, Bénigne Ramaille et Antoine Pussin, faisant partie des notables habitants de ladite ville, pour nous résoudre promptement sur le siège qui nous a été formé, et assaut livré dès le jour d'hier par les armées de l'Empereur, des rois d'Espagne et de Hongrie et du duc Charles ; même sur ce que leur tambour serait entré une seconde fois dans la ville, il y a environ une heure, pour les sommer de se rendre, et se soumettre à leur puissance et autorité : ce que faisant, sont survenus encore quelques habitants, qui ont dit que d'autres avaient traîtreusement quitté et abandonné ladite ville, sçavoir : Mᵉ Jean Morel, échevin ; Louis Passard, M. Jean Bataillou et autres, et d'autant que le canon ennemi avait fait brèche, battant incessamment en ruine et envoyait continuellement des grenades et des bombes, qui pouvaient affaiblir le courage de quelques-uns, et que, depuis le matin, l'armée ennemie paraissait en escadrons, sur la rivière de la Saône, du côté du bois de Laugouge, et qu'il y a apparence que c'est pour nous donner un grand assaut : il était nécessaire de prendre une bonne et prompte résolution, et témoigner au roi la singulière fidélité que la ville a toujours eue à son service, le zèle et l'affection que tous les habitants doivent avoir pour leurs familles, biens, vie, honneur et conservation d'iceux ; par la voix commune de tous les habitants a été conclu et résolu, qu'ils prêteraient de nouveau, comme par effet ils ont présentement prêté en nos mains, le serment de fidélité au roi et à la ville, déclarant tous vouloir courageusement exposer leur vie aux efforts des ennemis, pour la défense de la place, contre toutes autres intelligences à ce contraire : *même sont résolus en cas que par malheur, ils viennent à être forcés, de mettre le feu dans leurs maisons et aux poudres et munitions de guerre, étant en la maison de ville, afin que les ennemis ne recouvrent aucun avantage, et ensuite de ce, tous mourir l'épée à la main;* et à toute extrémité, et où il y aurait moyen de retraite, de la faire sur le pont de la Saône, et de jeter, en sortant, une arcade d'icelui dans l'eau, afin d'avoir moyen de se retirer en sûreté. Et comme il y a des principaux de la ville qui sont à leur poste et en faction sur la muraille, a été résolu que la délibération ci-dessus leur serait présentement montrée par le greffier commis, afin de sçavoir s'ils y veulent adhérer ; en témoins de quoi nous nous sommes soussignés avec tous les habitants et Jean Gagnet, greffier commis, pour le soupçon de la maladie contagieuse étant dans la maison de M° Claude Nivelet, greffier et secrétaire ordinaire de la ville ayant en sa puissance le livre des délibérations par le moyen de quoi la présente n'y peut être insérée. *Signé* sur la minute : Desgranges, Lapre, Thoulorge, Pelletier, Dumay, Marthène, de Lettre, Robin, Faroux, de Villebichot, Ramaille, Pussin, Verderet, Michelot, Perrier et Gagnet, et à l'instant par moi, ledit Jean Gagnet, greffier-commis, ladite délibération a été montrée au sieur Jannel, commandant de la porte de la tour Truchot, lequel a adhéré au susdit serment avec tous les habitants y étant présents et sachant signer. *Signé* sur la minute, Jannel, Boissot, Pierre Dumay, Dumay, Maillot, Joliclerc, Vaudry, Denever, lieu de la brèche où était le sieur Claude Poussis, procureur-syndic, qui a adhéré à la susdite résolution et s'est soussigné avec tous les habitants sachant le faire, et étant à la brèche. *Signé* sur la minute : Poussis, Gagnet, Brelot, Brocard, Michel, Rougeot, Gadard, Denis, Garnier, Ferrand et Denever.

Pendant que les bourgeois signaient, les troupes prêtaient de nouveau serment de fidélité. Le plus grand enthousiasme régnait dans la ville, qui retentit des cris de « Vive le Roi ! Vive la France ! »

Le brave d'Ailly de Saint-Point était toujours retenu sur son lit par la maladie. Il n'avait pu participer à la glorieuse défense de la ville. Quand il entendit les cris des habitants, il envoya son domestique savoir ce qui se passait. Barette entrait chez lui à ce moment, il put lui donner tous les renseignements désirables. L'adjudant de place avait été envoyé par les échevins pour décider le commandant à se joindre au convoi de malades et de blessés qui se dirigeait sur Seurre.

Mais cette nouvelle avait redonné quelques forces au capitaine. Il ne voulut pas se séparer d'aussi braves gens, et résolut de mêler son sang au leur. Il se fit habiller, ceignit son épée, et soutenu par son valet et par Barette, il gagna la brèche. Tout le monde était à son poste, car l'ennemi approchait. D'Ailly se fit asseoir contre un mur, le visage tourné du côté de l'ennemi, et comme une pluie fine ne cessait de tomber, on le couvrit d'un manteau de soldat.

Du haut des remparts, on suivait les mouvements

des Impériaux. La cavalerie lorraine et les dragons allemands conservaient les positions qu'ils avaient prises le matin aux deux extrémités du champ de bataille. 6,000 hommes d'infanterie, rangés sur deux lignes, précédés de soldats chargés de fascines et de planches, attendaient le signal. Sur d'autres points, des groupes munis d'échelles, s'apprêtaient à tenter une escalade, dans le but de dégarnir la brèche d'une partie de ses défenseurs.

De part et d'autre on brûlait d'en venir aux mains.

Enfin, Galas donne l'ordre de marcher. Une épouvantable décharge d'artillerie et de mousqueterie se fait entendre. Les troupes s'ébranlent enseignes déployées. En un clin d'œil un pont volant est établi, et les grenadiers allemands montent sur le rempart. Les Losnais ne faiblissent pas. Avant de quitter leur patrie, ils veulent faire payer le plus cher possible, ce succès à l'ennemi. Le colonel de Waugler roule à terre mortellement blessé, ses soldats que sa présence ne contient plus se débandent et reculent.

Gaspard de Mercy, sergent de batailles de l'empereur, prend alors le commandement. Il électrise ses troupes et, se mettant à leur tête, se rue sur les malheureux Losnais. On combat corps à corps ; Allemands et Français forment une épouvantable mêlée ; cette masse oscille; on ne sait qui l'emportera! Le veilleur, qui épie du haut du clocher, le moment où l'ennemi entrera en ville, et où il faudra mettre le feu, est sur le point de sonner le tocsin. Des femmes courent à leur poste d'incendie, un enfant, le jeune Gaillard, effrayé par cet affreux spectacle, avance sa torche vers les matières inflammables que contient sa maison. Les

ARRIVÉE DES CHEVALIERS DE RANTZAN, TAVANNE, CHASTELLUX, ETC.
DEVANT LES MURS DE SAINT-JEAN-DE-LOSNE.

cris de ses voisins le forcent seuls à attendre le signal.

Tous les habitants et les soldats, qui étaient de garde sur les autres parties des remparts ont quitté leur poste pour venir au secours des combattants de la brèche.

Cet affreux combat durait depuis trois heures, quand des cris de joie retentissent. Une barque, qui descendait la Saône à force de rames, vient d'aborder. Douze hommes armés sautent à terre, et demandent à parler aux magistrats. Ce sont des Auxonnais que l'on conduit sur la brèche. Au milieu de la fusillade, ils annoncent que Rantzau, suivi de ses cavaliers, arrive bride abattue.

Les nouveaux venus font le coup de feu avec les Losnais. La bonne nouvelle qu'ils apportent se répand partout ; chacun redouble d'efforts. Les Impériaux s'aperçoivent de cette ardeur et pressentent l'arrivée d'un renfort. Ils veulent à tout prix emporter la place. On fait avancer les régiments de Galas, de Reinach et de Mercy qui n'ont pas encore donné. Mais les assiégés se jetant à corps perdu et en furieux dans la mêlée, les obligent à reculer.

Les officiers allemands parviennent à arrêter la déroute. Ils exhortent leurs hommes et leur montrent qu'ils se déshonorent en reculant, eux les soldats de Lutzen et de Leipzick, devant de simples bourgeois. Ils essayent de remettre un peu d'ordre dans cette multitude et de la ramener à l'assaut. Mais les Losnais font pleuvoir sur les Impériaux une pluie d'eau chaude et de graisse bouillante. La place n'est plus tenable, les assiégeants se débandent, et, sans chercher à passer sur le pont de fascines, ils trouvent la mort dans l'eau des fossés.

Mercy, furieux de cette déroute, ordonne aux sergents de ramener les fuyards à grands coups de hallebardes. C'est en vain ! les vieilles bandes elles-mêmes sont démoralisées ; d'ailleurs la nuit est venue, le combat est terminé.

Rantzau n'avait pas oublié la promesse de secourir les Losnais. Le matin même, il avait quitté Dijon, suivi de deux régiments d'infanterie et de 800 chevaux.

Forcé de faire un long détour à cause du débordement des rivières et après avoir soutenu plusieurs escarmouches, il arriva à Auxonne. Le vent du sud, qui y apportait le bruit de la canonnade de Saint-Jean-de-Losne, l'avertit du violent combat qui se livrait en ce moment. L'impétueux colonel n'avait pu consentir à demeurer inactif. Il voulait partir aussitôt, mais le gouverneur d'Auxonne, M. de Miraumont lui fit remarquer la fatigue de son infanterie, incapable de le suivre. Il chercha le moyen de faire prévenir les Losnais que le secours si impatiemment attendu était proche. Les douze Auxonnais arrivèrent, comme on l'a vu, assez à temps, pour prendre part au combat. Un d'entre eux, Nicolas Boillaud, capitaine de cavalerie, l'aîné des fils de l'antique mayeur d'Auxonne, fut tué sur la brèche d'un coup de mousquet.

Rantzau n'avait laissé à sa cavalerie que le temps de prendre un court repas et marcha promptement au canon, en recommandant au gouverneur d'Auxonne de faire suivre son infanterie, dès qu'elle serait en état de marcher. Il fit son entrée à Saint-Jean-de-

Losne deux heures après la retraite des Impériaux. Autour de lui se pressaient les plus braves officiers de l'armée française, de Tavannes, Couppet, de Pluvault, d'Applincourt, Chamesy, Bigoley, Lange, Livry, Chastellux et de Bréguilly.

Dès que les défenseurs de la place entendirent les trompettes de sa cavalerie, ils poussèrent de grands cris, allumèrent des feux de joie, et sur l'ordre des échevins on fit jouer au carillon de la ville un air de fête. Sur le conseil de Tavanne, la cavalerie passa et repassa plusieurs fois sur le pont, avec des torches allumées, en faisant sonner les trompettes et les hautbois ; cette manœuvre devait faire croire à l'ennemi, qu'un renfort plus considérable qu'il ne l'était en réalité, venait de secourir les assiégés.

Bon nombre de femmes et de vieillards avaient quitté la ville pour se retirer à Seurre. De loin, ils entendirent ce bruit et se trompèrent sur sa cause. Ils pensaient que l'ennemi s'était emparé de la cité et dans leur crainte prenaient les reflets des feux de joie pour les sinistres lueurs de l'incendie.

Rantzau parcourut la cité, il approuva hautement les mesures des habitants, loua leur patriotisme et convint que les troupes les plus aguerries, n'auraient pas mieux combattu. Ses soldats furent bien reçus par les assiégés qui voulurent veiller cette nuit, pour laisser aux nouveaux arrivés le temps de se remettre de leurs fatigues.

Electrisés par la venue de ce renfort, les Losnais tentèrent une sortie vers les dix heures du soir ; s'approchant à pas de loup, ils arrivèrent jusqu'aux avant-postes autrichiens. D'un coup de pistolet,

Martène cassa la tête à la sentinelle, ses compagnons tombèrent aussitôt sur le poste qu'ils taillèrent en pièces. Leur rentrée en ville, où ils amenaient cinq ou six prisonniers, excita l'euthousiasme général.

Galas ne pouvait se consoler de sa défaite. Il était donc venu, du fond de l'Allemagne, ce terrible général l'heureux adversaire des plus grands capitaines de l'époque, pour être battu par de simples bourgeois et échouer devant une bicoque ! La retraite était honteuse, mais il ne lui restait que cette voie d'ouverte. L'inondation de la Saône était menaçante, les vivres devenaient rares. le secours reçu dans la journée permettait au siège de durer longtemps encore. Que feraient pendant ce temps, Condé, Lavalette et Weymar ! La rage dans le cœur, il donna l'ordre du départ.

Dans la nuit du 2 au 3 novembre, l'avant-garde sous la conduite du prince Charles de Lorraine, se mit silencieusement en marche. L'artillerie et les bagages défilèrent avec elle. Une heure après, le gros de l'armée le suivait, laissant à Isolani et à ses Croates le soin de couvrir la retraite et de ruiner le pays. Tout cela s'était passé si secrètement que les habitants furent étonnés de voir la place abandonnée le lendemain. Ils se rendirent à l'église où ils chantèrent un *Te Deum*. Rantzau voulut donner la chasse aux troupes que l'on voyait encore dans la plaine. Il sortit avec ses seuls cavaliers, contraignant par ses menaces et même par ses coups, plusieurs Losnais à rentrer dans la ville. Malheureusement, il n'était pas en forces et dut attendre son infanterie. Ayant appris qu'une partie des cavaliers se trouvait à Montot où ils protégeaient des canons embourbés, il ordonna à ses fantassins de le rejoindre promptement. Le colonel de Batilly permit aux habitants de former un bataillon séparé qui manœuvrerait conjointement avec ses hommes. Les bourgeois se comportèrent vaillamment dans cette rencontre qui coûta encore beaucoup de monde aux ennemis.

Le 3 novembre, Rantzau rentra en ville avec ses troupes. Habitants et soldats allèrent piller le camp ennemi. On en rapporta une telle quantité d'armes, de vivres et de munitions, que l'église fut à moitié pleine. Des éclaireurs envoyés à la suite de Galas, annoncèrent qu'il allait à Tart et suivrait la rivière d'Ouche.

Descoutures arriva le même jour avec six compagnies du régiment de Conti : le vicomte de Turenne qui conduisait des renforts, ayant appris la levée du siège rentra à Dijon. Les habitants députèrent aussitôt un des leurs au prince de Condé pour le remercier des soldats qu'il avait envoyés et lui assurer que la confiance que chacun avait eue dans ses promesses, avait seule soutenu leur courage. Le gouverneur donna aux Losnais des louanges méritées et promit de demander au roi les récompenses dont ils étaient dignes.

Martène fut député à la cour pour faire à Louis XIII la narration fidèle de ce siège mémorable. Condé accompagna le patriote losnais. Appuyant tout son récit il dit au roi que jamais peuple n'avait plus prodigué son sang. Le monarque fut tellement frappé de cet acte d'héroïsme, qu'à son lit de mort il recommandait à ses successeurs « ses fidèles habitants de Saint-Jean-de-Losne. » Par lettres patentes du mois de décembre 1636 et du mois de mars 1637 il accorda aux Losnais exemption « de toutes les tailles, crue de prévôts des maréchaux et de tous les autres subsides et impositions quelconques. qui s'imposeront dans le royaume et la généralité de Bourgogne. » (1)

Avant de continuer le récit de la fuite de Galas et de parler des fêtes du centenaire, il nous semble bon de rassembler encore pour les offrir à l'admiration de tous. les noms des principaux acteurs de ce siège légendaire.

En première ligne, il faut placer Martène, dont les vertus civiques furent à la hauteur des circonstances critiques qu'il traversait. Parmi les magistrats de la ville qui avaient quitté le prétoire pour remplir leurs devoirs militaires. on cite : Michel Toulorge, avocat du roi ; Lapres et Desgranges, échevins. Delettre, Poussis, Petitjean, Ramaille et Garnier eurent l'honneur de verser leur sang pour leur patrie : Vaudrey, Dumay, Boisot. Joliclerc. Michelot, Gagnet. furent vaillants entre les vaillants. Le carme Falcon combattit en héros sur la brèche. son nom figure parmi ceux des bourgeois qui signèrent la célèbre délibération. Aux citoyens Robin, Ferrand, Louhet. Pointrot et Millot revient l'honneur d'avoir rétabli la lutte au moment où la défaite semblait certaine. Le baron d'Esbarres se conduisit en brave gentilhomme et il eut la joie de constater que son fils Trémont était digne de sa race. Parmi les braves soldats il faut nommer Loyac, dont les mâles vertus militaires ne faiblirent pas un instant ; le dijonnais Barette. Serrigny et le capitaine Viserny,

(1) Béguillot, *Hist. des Guerres de Bourgogne.*

officiers de la garnison. Enfin, le vaillant et digne d'Ailly de Saint-Point.

Pour récompenser son courage, la ville de Saint-Jean-de-Losne voulut en 1642, être parrain et marraine de son enfant qui fut nommé Jean-Baptiste de Saint-Jean-de-Losne. Le régiment de Conty resta en garnison dans la ville pendant 14 ans. Ces soldats avaient droit de cité dans les murs qu'ils avaient si bien défendus. Plusieurs même s'y établirent.

Honneur à tous les braves que nous venons de nommer! Honneur surtout à ces nobles héros inconnus qui firent modestement leur devoir. Que la France dépose la couronne civique sur leur tombe!

Ici devrait se terminer notre tâche. Mais de même que nous avons raconté les événements qui précédèrent le siège, nous voulons narrer rapidement ceux qui en suivirent la levée.

5 novembre 1636. — Rantzau quitte Saint-Jean-de-Losne pour chasser l'ennemi retiré aux villages de Tart, Marlien, Varanges et Crimolois. Les Français ne peuvent, par suite de leur faiblesse numérique, consommer le désastre des fuyards. Rantzau escarmouche dans la plaine de Longecourt et de Potangey, met en fuite les bandes de Croates qu'il rencontre à Rouvres et à Fauverney et revient à Dijon rendre compte de sa mission au prince de Condé. Celui-ci fait prendre les dispositions nécessaires à ses troupes afin de poursuivre les Impériaux.

Galas ayant épuisé les ressources dès Tart songe à sortir du mauvais pas où il se trouve. Il lui faut traverser quatre rivières et l'armée française le harcèle vigoureusement. Il abandonne ses bagages, enterre une partie de son artillerie et dirige ses troupes sur les Tilles.

Un ingénieur nommé Perrenet offrit au duc de Weymar, au cardinal de la Valette et au prince de Condé d'inonder le camp des Allemands. Malgré l'avis favorable du général en chef, l'exécution de ce plan ne put avoir lieu. Galas fut, dit-on, prévenu par le duc de Weymar auquel la guerre rapportait. Il put se sauver à temps.

Le 7 novembre, les Français rejoignent l'arrière-garde ennemie, composée de Croates. Ceux-ci font bonne contenance, ne se laissent pas entamer. Tout ce que Rantzau peut faire, c'est de limiter les ravages des ennemis qui ce jour-là brûlent Arc-sur-Tille.

Le 8 novembre, l'infanterie impériale en vient aux mains à Spoix avec les troupes de la Valette. Le général cherchait à la rompre au passage des Tilles. Isolani et ses Croates parviennent à dégager leurs fantassins, mais lui-même perd la vie dans ce combat.

Le 9, Rantzau rencontre les Croates près de Bèze, il leur donne la chasse et en tue une centaine. Les Autrichiens font éclater cinq pièces de canon qu'ils ne pouvaient emmener plus loin.

Le 10, Condé passe les Tilles au pont de Spoix, atteint 5.000 cavaliers allemands qu'il culbute, leur fait plusieurs prisonniers et s'empare de leurs bagages. Galas se dirige en toute hâte sur Gray pour y passer la Saône et rentrer en Franche-Comté.

Le 11, les Français livrent encore un combat sanglant au passage de la Vingeanne.

Deux jours après Galas entre à Gray. Il veut relever son prestige par un heureux combat, mais la chance des armes lui est contraire à Jussey. Il traverse la Saône, partie à Gray, partie à Apremont, et rentre en Franche-Comté dans un tel état que pendant longtemps on dit : « malheureux comme Galas. »

Il arriva enfin à Besançon avec une armée diminuée de moitié et dans un tel état de démoralisation que huit cents hommes de sa cavalerie passèrent au service du duc de Weymar.

Le duc de Lorraine l'accusa au conseil d'incapacité et de trahison. L'empereur l'aurait dépouillé de tous ses titres si le roi de Hongrie n'avait pris son parti et ne l'eût ainsi sauvé d'un pareil affront.

Disons que les Losnais ont continué à jouir d'une réputation de bons patriotes. En 1815, les Autrichiens reparurent sur la Saône, les habitants de la petite ville luttèrent si courageusement que l'Empereur attacha la croix de la Légion d'honneur à l'écusson de la ville.

Terminons par le récit succinct de l'accueil que reçurent les Prussiens en 1870.

Placé entre les Allemands qui occupaient Dijon depuis le 30 octobre et les corps francs qui défendaient la Saône, Saint-Jean-de-Losne devait être le théâtre de nombreux combats.

Le 11 novembre, le général Michel, commandant le Jura, donnait l'ordre de tout préparer pour brûler l'arche marinière du pont de Saône. Les instructions portaient que le feu y serait mis quand on signalerait la présence de l'ennemi à six ou sept kilomètres.

La visite de ces hôtes intempestifs ne se fit pas attendre. Le 13, la brigade Keller quittait Dijon dans l'intention d'occuper Saint-Jean-de-Losne. Elle faisait halte à Trouhans, y laissait le gros de ses forces, envoyait une forte reconnaissance jusqu'à Saint-Usage. Quelques éclaireurs se détachaient de cette troupe et trois dragons qui pénétrèrent dans la ville se replièrent sur la colonne en voyant brûler l'arche du pont. Une dépêche du commandant de place d'Auxonne en avait ordonné la destruction quelques heures auparavant.

Le lendemain, Keller, le général prussien, formait ses troupes pour l'attaque et les dirigeait vers l'objectif de ses opérations. La garde nationale, se souvenant des vieilles traditions locales de bravoure, ne voulut pas que l'ennemi pénétrât dans les rues sans coup férir. Embusquée derrière les talus de la gare d'eau, elle accueillit par un feu de mousqueterie bien nourri les éclaireurs allemands qui se retirèrent à la hâte.

Les braves Losnais croyaient avoir comme leurs pères un assaut à repousser. Mais l'Allemagne fait de nos jours une guerre scientifique dans laquelle le courage et la vaillance ne tiennent qu'une très petite place.

Le bataillon de Roder, un escadron du 3e régiment de dragons, une batterie lourde, vont aussitôt s'établir près du cimetière hors de la portée des fusils français.

Keller fait ouvrir le feu et pendant trois quarts d'heure ses soldats assistent impassibles au bombardement d'une ville ouverte n'ayant qu'une poignée de défenseurs plus ou moins bien armés. Quarante-sept maisons furent atteintes et deux complètement brûlées.

On cherchait un parlementaire, le curé de Saint-Jean-de Losne, M. l'abbé Vitteau, va spontanément trouver les Prussiens. Il est accompagné d'une coura-

geuse jeune fille, Mlle Liblin qui lui sert d'interprète.
Des conseillers municipaux, MM. Mouillon, Laureau, Grapin et Coutet-Perron se réunissent à l'hôtel de ville et assument la responsabilité de la défense de la place.

M. Keller avait eu le temps de méditer. Il crut avoir réussi là où Galas avait échoué. Par ses ordres, les troupes allemandes préparèrent une entrée triomphale et défilèrent musique en tête. Si le soldat du mystique Guillaume n'avait pas eu la brutale valeur du routier du moyen-âge, il n'usa pas plus noblement que lui de sa victoire. Il arrêta les quatre conseillers municipaux comme otages, la ville dut verser 12.000 francs et se vit accablée de réquisitions écrasantes.

Nous terminerons en faisant l'historique des fêtes de Saint-Jean-de-Losne.

Elles datent du jour où les Losnais se virent, en 1636 délivrés des attaques de Galas. Leur premier soin, dit Jacques de Clumes, fut de se rendre à l'église. Ils y chantèrent un *Te Deum* avec accompagnement de trompettes, de tambours et autres instruments de guerre. Dans la journée, ils se réunirent et arrêtèrent que, pour marquer le jour de leur délivrance, on ferait une fête solennelle, pendant laquelle tout ouvrage cessant, on ne serait occupé qu'à remercier le Seigneur; qu'après vêpres, on ferait une procession générale ; que la journée finirait par un *Te Deum* chanté solennellement et suivi d'un feu de joie ; enfin, que le son des cloches annoncerait, pendant une heure, l'heureux moment de la nuit auquel la terreur des armes des habitants de St-Jean-de-Losne avait obligé le général Galas de fuir devant la ville. « Enfin, ils s'engagèrent, continue de Clumes, tous, par serment à s'acquitter de ce qui avait été résolu et y obligèrent leurs descendants. »

Chaque année, on faisait une fête pendant laquelle les Losnais divisés en deux camps, rappelaient par un simulacre de combat, les glorieuses actions de leurs ancêtres.

Pour conserver le souvenir de ce siège mémorable, on plaça sur l'endroit où les canons allemands avaient ouvert la brèche, une pierre commémorative. Une inscription rappelait les différentes péripéties de l'action. Dans la suite, les remparts ayant subi d'importantes modifications, on transporta ladite pierre à l'hôtel de ville, où on la voit encore aujourd'hui.

A chaque période de trente ans, les fêtes étaient plus brillantes, elles avaient une solennité inaccoutumée à chaque centenaire. En 1736, elles durèrent trois jours, la ville contracta un emprunt pour célébrer dignement ces glorieux souvenirs. Martène et de Lettre, descendants des acteurs de cette grande épopée, furent les héros de ces journées : toutes les diverses phases de l'action furent reproduites ; les drapeaux pris à l'ennemi promenés dans les rues.

Le deuxième anniversaire séculaire eut lieu en 1836. La cérémonie avait été annoncée la veille par une décharge d'artillerie. Pendant la nuit, de minuit à une heure, les cloches de la ville et celles de Losne sounèrent à toute volée. Le 3 novembre fut consacré à des plaisirs guerriers : revue de la garde nationale, défilé où la pompe militaire entoura les autorités civiles, etc., etc. L'évêque de Dijon, Mgr. Rey, prononça une allocution fort remarquable.

Après avoir dignement honoré le souvenir des défenseurs de la ville, toute la population termina la journée dans un banquet et dans des jeux, où ne cessa de régner la plus franche cordialité.

Que seront les fêtes de 1886 ? Si nous en croyons les bruits qui nous arrivent de tous côtés, si nous nous basons sur le souffle d'enthousiasme qui agite nos concitoyens, elles auront plus d'éclat que par le passé !

Hommage rendu aux valeureux combattants d'autrefois, elles seront aussi une leçon pour l'avenir. Oui ! à l'heure actuelle, quand la France debout et armée songe aux défaites d'hier, quand elle regarde son territoire encore mutilé, il est bon de rappeler à ses enfants, les grandes leçons de son histoire ! A l'heure où chacune des nations ses voisines fait entendre contre elle des rugissements de haine et de menace, il convient de nous souvenir de la courageuse résistance de nos aïeux ! On doit plus que jamais, aujourd'hui que tout homme est soldat, montrer ce que doivent être ces vertus civiques, qui transformèrent en héros, défendant leur patrie « *quand même !* »

25 octobre 1886.

ANNIVERSAIRE DE L'INVESTISSEMENT DE St-JEAN-DE-LOSNE

PAR L'ARMÉE DE GALAS.

OUVRAGES CONSULTÉS

Pour la composition de cette Brochure

Commentaire de Philibert-de-la-Marc. (Texte latin).

Béguillet. — Les guerres des deux Bourgognes.

Histoire du siège de Saint-Jean-de-Losne, contenant ce qui s'est passé de plus remarquable dans le duché de Bourgogne en 1636; par Jacques de Clamer.

Copie d'une lettre de Paris du 5 septembre 1651, à M. Delamare, touchant le siège de Saint-Jean-de-Losne par Galas, en 1636.

Diverses pièces relatives au siège de Saint-Jean-de-Losne, entre autres le véritable récit de la ville de Saint-Jean-de-Losne, assiégée par l'armée impériale.

Le siège de Saint-Jean-de-Losne, par V. Ladey, dans *Les Deux Bourgognes*, tome III, p. 201 et 309, tome IV, p. 56.

Histoire de France, par le père Daniel.

Le véritable récit de la ville de Saint-Jean-de-Losne, assiégée par l'armée impériale commandée par le général Galas, publié pour la première fois avec introduction et notes par Clément-Janin. Dijon 1877.

La défense de Saint-Jean-de-Losne en 1636, par Clément-Janin, dans le *Progrès de la Côte-d'Or* des 2 et 3 novembre 1880.

Les fastes de la Bourgogne. — La défense de Saint-Jean-de-Losne en 1636, par Frédéric Lépine.

Description de la ville de Saint-Jean-de-Losne suivie de relations historiques, concernant cette ville, par M. Joseph Carlet.

Journal de la guerre 1870-1871 à Dijon, par Clément-Janin.

Nous prions les personnes qui achèteront notre livre, de bien vouloir attendre avant de le faire relier, la publication de 4 nouvelles gravures que le court espace de temps que nous avions devant nous, ne nous a pas permis d'intercaler dans cet ouvrage.

Ces gravures seront livrées au prix de **20** centimes la pièce, ce sont :

Combat dans le ravelin ;

Le gouverneur sur la brèche ;

Déroute de l'armée de Galas ;

Vue panoramique de la ville d'après Gaspard Merianus.

En vente chez M. RENAUD, libraire, place d'Armes et chez Mme Ve WARION, rue Piron, la première année de *Dijon qui s'en-va.*

De la deuxième année : 4 livraisons parues, sous presse les 5e à 9e livraisons, comprenant la fin du Palais de justice et la suite des fortifications de l'ancien Dijon.

1 franc la livraison.

Dijon. — Imprimerie F. CARRÉ.

Contraste insuffisant

NF Z 43-120-14

www.ingramcontent.com/pod-product-compliance
Lightning Source LLC
LaVergne TN
LVHW022116080426
835511LV00007B/847